OBJETS

DE LA CHINE

ET DU JAPON

EXPOSITION PUBLIQUE

Le Jeudi 26 Décembre 1867, de 1 heure à 5 heures.

Mᵉ ESCRIBE

COMMISSAIRE - PRISEUR.

H. DHIOS

EXPERT.

PARIS — 1867

EXEMPLAIRE DE DHIOS

DÉSIGNATION
DES OBJETS

Émaux cloisonnés.

1 — Un grand et beau Vase de forme balustre, en émail cloisonné, très-ancien et de belle qualité ; il est décoré de fleurs et branchages en émaux de couleur sur fond bleu turquoise. Socle en bois de fer.

Haut. 0,48 c.

2 — Un Vase en émail cloisonné de haute forme, à col écourté ; il est décoré de fleurs et branchages sur fond bleu turquoise ; anses en bronze ciselé et doré et à anneaux mobiles formés d'animaux chimériques. Socle en bois de fer très-finement sculpté.

Haut. 0,34 c.

3 — Très-joli Vase à parfums, de forme sphérique, supporté par trois pieds à têtes d'éléphants. A la panse du vase sont appliquées six figurines en relief en jade blanc. Anses à têtes chimériques et à anneaux mobiles en bronze ciselé et doré. Le couvercle est à jour et orné de plaques émaillées avec poignée en jade. Socle en bois de fer sculpté, feuillages et fruits.

Haut. 0,34 c.

4 — Une jolie Garniture de trois pièces, composée d'une cassolette supportée par trois pieds à têtes d'éléphants, avec couvercle en bois de fer sculpté à jour; d'un petit vase à long col et d'une coupe. Le tout posé sur socles en bois de fer finement sculpté et reposant eux-mêmes sur un triple socle d'une seule pièce.

5 — Une jolie petite Garniture composée d'une cassolette, d'un flambeau et d'une bonbonnière. La cassolette est supportée par trois pieds à têtes chimériques et surmontée d'un couvercle à jour formé d'un dragon en bronze ciselé et doré. La panse du vase est ornée de quatre médaillons en jade blanc et en bronze. Les trois pièces ont leur socle en bois de fer sculpté reposant sur un triple socle d'une seule pièce, également sculpté.

6 — Un joli Vase de forme monumentale supporté par quatre pieds, avec anses carrées. Le socle et le couvercle à poignée en jade sont en bois de fer sculpté.

7 — Un Vase à parfums supporté par trois pieds à têtes d'éléphants; col et anses en bronze ciselé et doré. Le socle et le couvercle, à poignée de jade blanc, sont en bois de fer très-finement sculpté.

8 — Cassolette à parfums supporté par trois pieds à têtes chimériques; couvercle à jour en bronze ciselé et doré, formé d'un dragon. Socle en bois de fer sculpté.

9 — Un Vase à parfums, forme de coupe; posé sur trois pieds à têtes chimériques, avec anses en saillies formées de dragons en bronze ciselé et doré. Socle et couvercle en bois de fer sculpté.

10 — Une Cassolette de forme carré-long, supportée par quatre pieds à figures. Cette jolie pièce est en bronze ciselé et orné de plaques en émail cloisonné. Anses en

saillie formées par deux oiseaux. Socle et couvercle à jour et en bois de fer sculpté.

11 — Un Bol décoré de dragons, animaux chimériques et fleurs, avec son socle en bois de fer sculpté à jour.

12 — Un Bol plus petit que le précédent, décoré de fleurs et branchages avec son socle en bois de fer sculpté à jour.

13 — Un petit Vase à long col évasé, orné de trois figures d'animaux. Socle en bois de fer sculpté à jour.

14 — Un autre petit Vase, de forme balustre, à col évasé. Socle en bois de fer sculpté à jour.

15 — Un petit Vase de forme cylindrique, décoré de fleurs et rinceaux. Socle en bois de fer.

16 — Une Coupe plate avec rosace au centre en bronze ciselé et doré. Socle en bois de fer.

17 — Une autre Coupe décorée d'animaux chimériques. Socle élevé et en bois de fer sculpté à jour.

Bronzes.

18 — Une Garniture de trois pièces, composée d'un vase à parfums, avec son couvercle en bois sculpté à jour; d'une burette et d'une petite boîte en forme de bonbonnière. Ces trois pièces, en bronze très-ancien d'une belle patine, sont ciselées d'ornements en relief et incrustées d'argent: Elles sont pourvues de leurs socles en bois de fer sculpté reposant sur un triple socle d'un seul morceau.

19 — Une Garniture composée de trois pièces niellées d'argent : cassolette à parfums, petit vase et bonbonnière. Socles et couvercles en bois sculpté à jour. Le tout repose sur un triple socle d'une seule pièce.

20 — Petit Vase brûle-parfums, orné de douze figures allégoriques ciselées en relief. Le couvercle ciselé à jour est décoré de dragons et d'oiseaux chimériques. Pièce ancienne, très-rare. Socle en bois de fer.

21 — Un grand et très-ancien Vase de forme balustre, à long col évasé, supporté par trois pieds d'animaux chimériques. La panse est ornée de trois anneaux mobiles, et le haut du vase de deux anses en relief formées d'oiseaux.

Haut. 0.50 c.

22 — Urne de forme aplatie en bronze niellé d'argent ; anses à têtes d'éléphants. Pièce ancienne, très-rare et de belle qualité.

Haut. 0.26 c.

23 — Vase à parfums, de forme balustre carrée. La panse est décorée de dragons en relief, le couvercle est surmonté d'un animal chimérique. Pièce très-ancienne, de superbe qualité. Socle en bois de fer sculpté à jour.

24 — Vase à parfums, de même forme. La panse est ornée de ciselures et de têtes d'éléphants en relief. Couvercle surmonté d'un animal chimérique. Pièce très-ancienne, de belle qualité. Socle en bois de fer.

25 — Un Brûle-parfums, formé par un animal chimérique dont les quatre pieds reposent sur un socle en bois de fer sculpté.

26 — Cassolette à parfums posée sur trois pieds et à anses
surélevées. Belle pièce niellée d'argent et d'or. Socle et
couvercle en bois de fer, très-finement sculptés à
jour.

27 — Une autre Cassolette de même forme, niellée d'argent. Socle et couvercle en bois dur.

28 — Petite Cassolette posée sur trois pieds droits, avec
anses surélevées; elle est niellée d'argent. Socle et
couvercle en bois de fer finement sculpté à jour.

29 — Une autre de même travail et de même forme.

30 — Un Brûle-parfums carré, surélevé sur quatre pieds
qui reposent sur un socle en bois de fer sculpté, orné
d'une plaque décorée d'animaux chimériques, en bronze
ciselé à jour et doré. Pièce rare.

31 — Une paire de Vases, de forme balustre élancée, à
anses formées d'animaux chimériques. Pièces très-
élégantes, de belle qualité et très-anciennes. Socles en
bois de fer.

32 — Un Vase à panse aplatie, entièrement couvert d'ornements ciselés. Pièce très-ancienne. Socle en bois de
fer.

33 — Petit Vase à col évasé, double frise à ornements ciselés. Pièce rare et très-ancienne. Socle en bois de
fer.

34 — Un Vase à parfums orné de feuillages et fleurs ciselés et de têtes d'animaux chimériques en relief. Socle
et couvercle en bois de fer sculpté à jour.

35 — Un autre Vase orné de dragons et ornements ciselés;
anses à jour. Socle et couvercle en bois de fer.

36 — Autre Vase couvert de ciselures avec anses formées d'animaux chimériques. Socle et couvercle en bois de fer sculpté à jour.

37 — Deux petites Buires, très-finement niellées d'argent. Socles en bois de fer.

38 — Divinité chinoise en bronze ciselé et doré. Socle en bois de fer.

39 — Une autre Divinité chinoise en bronze ciselé et doré. Socle en bois de fer.

Porcelaines.

40 — Une paire de grands Vases, de forme ovoïde à long col, décorés de nombreux personnages; combat de cavaliers au milieu d'un paysage; anses fixes à têtes d'animaux chimériques; émaux de couleur sur fond blanc. Socles en bois de fer sculpté.

Haut. 0,64 c.

41 — Une paire de grands Vases de forme ovoïde à long col, en porcelaine céladon gris craquelé, décorés de plusieurs groupes de personnages, d'arbres et de rochers en émaux de couleur. Socles en bois de fer.

Haut. 0,62 c.

42 — Une paire de Vases de forme cylindrique à cols évasés, décorés de combats de cavaliers et de guerriers; émaux de couleur sur fond blanc. Socles en bois de fer finement sculpté.

Haut. 0,45 c.

43 -- Une autre paire de Vases de même forme et de
mêmes décors que les précédents. Socles en bois de
fer.

Haut. 0,45 c.

44 — Une paire de Vases, de forme ovoïde, à long col
évasé par le haut; céladon gris jaunâtre craquelé; ils
sont décorés de figures en relief émaillées bleu.

Haut. 0,47 c.

45 — Une paire de Vases, forme bouteille à long col évasé,
décorés de dragons et de branches de coraux sur fond
bleu turquoise. Socles en bois de fer sculpté.

Haut. 0.38 c.

46 — Une paire de Vases à col évasé, avec anses formées
de têtes d'éléphants; ils sont décorés d'animaux chimériques sur fond bleu jaspé. Socle en bois de fer.

Haut. 0.33 c.

47 — Deux Vases en forme de bouteille à long col, décorés d'animaux chimériques émaillés en vert sur fond
jaune. Socle en bois de fer.

Haut. 0,31 c.

48 — Une paire de Vases de forme cylindrique; paysage
et personnages en émaux de couleur sur fond blanc.
Socles en bois de fer.

Haut. 0,21 c.

49 — Un Vase de forme sphérique aplatie, décoré d'animaux en bleu sur fond céladon gris craquelé. Socle et
couvercle en bois de fer.

50 — Un petit Vase de forme potiche, décoré de branchages et fleurs, émaillés vert et rouge sur fond blanc.
Socle et couvercle en bois de fer.

51 — Un petit Vase de forme ovoïde, allongé, décoré de branchages en relief sur fond gris jaunâtre. Socle en bois de fer.

52 — Un petit Vase en porcelaine céladon gris craquelé, avec anses à jour formées par des figures. Socle en bois de fer.

53 — Un petit Vase, forme bouteille, céladon gris craquelé. Socle en bois de fer.

54 — Un autre petit Vase, forme bouteille, céladon craquelé; anses à jour et double frise d'ornements en relief. Socle en bois de fer.

55—56 — Deux Pots à tabac de forme cylindrique; décor à figures, arbres et fleurs. Socles et couvercles en bois de fer.

57 — Un Pot à tabac, décoré de fruits émaillés sur fond blanc. Socle et couvercle en bois de fer.

58 — Un grand Plat rond, décoré au centre de figures dans un paysage entouré de médaillons à sujets. Email vert sur fond blanc.

Diam. 0,47 c.

59 — Une Garniture de toilette en porcelaine émaillée, décor à figures et fleurs.

60 — Une autre Garniture de toilette, même porcelaine et même genre de décor.

Bois sculptés.

64 à 64 — Quatre Pots à tabac en bois de fer, sculptés de figures, arbres et architectures en relief. Socles et couvercles à jour.

65 à 68 — Quatre grandes Lanternes hexagones en bois de fer sculpté à jour; vitraux à personnages; boules et ornements en cuivre émaillé.

69 — Une Écuelle à couvercle en bois de fer sculpté.

Objets divers.

70 — Petit Vase en cristal de roche, avec anse et branchages taillés en relief.

71 — Un Bol en laque rouge de Pékin, sculpté d'oiseaux et branchages en relief. Socle et couvercle à jour.

72 — Un autre plus petit sculpté de fleurs et fruits en relief. Socle et couvercle à jour.

73 — Cannes à pêche.

74 — Parasols.

75 — Une Brique provenant de la Pagode de Nankin.

RENOU et MAULDE, imprimeurs de la Compagnie des Commissaires-Priseurs. rue de Rivoli, 144.   9997

RENOU & MAULDE

IMPRIMEURS DE LA COMPAGNIE DES COMMISSAIRES PRISEURS

Rue de Rivoli, 144.